AF498319

BALLETS,
EXÉCUTÉS
A VERSAILLES,

Le 22 Décembre 1745.

DE L'IMPRIMERIE

DE JEAN-BAPTISTE-CHRISTOPHE BALLARD,
Doyen des Imprimeurs du Roi, seul pour la Musique.

M. DCC XLV.

Par exprès Commandement de Sa Majesté.

Les Ballets ſont du Sieur L A V A L *, Compoſiteur*
des Ballets du R O I.

LES FESTES
DE
RAMIRE,
BALLET

DONNÉ A VERSAILLES,

Le 22 Décembre 1745.

DE L'IMPRIMERIE

DE JEAN-BAPTISTE-CHRISTOPHE BALLARD,

Doyen des Imprimeurs du Roi, seul pour la Musique.

M. DCC. XLV.

Par exprès Commandement de Sa Majesté.

✳✳✳✳✳✳✳✳✳✳✳✳✳✳✳✳✳ ✳✳✳✳✳✳✳✳✳✳✳✳✳

ACTEURS CHANTANS.

R AMIRE, *fils d'Alponse*
   Roi de Castille,   Le Sr Poirier.

FATIME, *Princesse*
  de Grenade,   La D^{lle} Romainville.

ISBE', *confidente de* FATIME, La D^{lle} Jaquet.

UN GUERRIER,   Le Sr Jelyotte.

AUTRE GUERRIER, Le S^r Le Page.

Troupe de Guerriers.

UN DEVIN,   Le S^r De Chassé.

*Troupe de Devins, de Devine-
  resses, de Bohemiens & de
  Bohemiennes.*

LES GRACES,   Les D^{lles} { Fel.
                            Coupée.
                            Gondré.

*Troupe d'Amours, de Plaisirs
  & de Jeux,*

SUIVANT
   ET   } *de Ramire,* { Le Sr Albert.
SUIVANTE   La D^{lle} Bourbonnois.

Troupe des Suivants de RAMIRE, *de differents
  caracteres.*

PREMIER DIVERTISSEMENT.
GUERRIERS.

Le Sr Pitro ;

Les Srs Matignon, Malter-C., Monſervin,
De Vice, Dumay, Dupré, Feuillade, Levoir.

SECOND DIVERTISSEMENT.
BOHEMIENS, ET BOHEMIENNES.

La D^{lle} Camargo ;

Les S^{rs} F-Dumoulin, P-Dumoulin, Hamoche,
Dangeville ;

Les D^{lles} Thiery, Puvignée, Grognet, Lyonnois-C.

TROISIE'ME DIVERTISSEMENT.
JEUX ET PLAISIRS.

La D^{lle} Sallé ;

Le Sr Laval,   La D^{lle} Puvignée ;

Les Srs Dumay, Dupré, Malter-C., Matignon,
Gherardi, Caillez ;

Les D^{lles} Erny, Lyonnois-L., Courcelle, St Germain,
Petit, Beaufort.

QUATRIE'ME DIVERTISSEMENT.
SUIVANS DE RAMIRE.

Les Srs Javillier-L., Monſervin, Javillier-C. ;
Les D^{lles} Rabon, Carville, Roſalie ;

Et les Acteurs du Divertiſſement précédent.

LES

LES FESTES
DE RAMIRE.

Le Théatre repréfente une Prifon.

SCENE PREMIERE.

FATIME, ISBE', Confidente de FATIME.

FATIME.

O MORT, *viens terminer les douleurs*
de ma vie.
J'ai vû tomber mon trône & ma pa-
trie,
Mon pere eft defcendu dans la nuit du trépas,
Les Vainqueurs avec barbarie,
En ces lieux ont traîné mes pas.
O Mort, viens terminer les douleurs de ma vie.

A

I S B E'.

Alphonse est un cruel vainqueur ;
Mais Ramire son fils, a toute sa valeur,
Sans avoir sa fierté barbare ;
Souvent dans ses bontés, le juste Ciel répare
Les maux qu'il fit dans sa fureur.

F A T I M E.

Du Sang dont il est né, la haine est implacable,
Tu connois notre inimitié,
Non, n'attendons pas de pitié
De cette race inexorable.

On entend un bruit de trompettes.
Le Théatre change & représente un lieu agréable.

Que vois-je ! Quel prodige a changé ce séjour ?
O Ciel ! Quel Dieu nous favorise ?

I S B E'.

Fatime est belle, et Fatime est surprise ?
Ah ! Ce Dieu, sans doute est l'Amour.

SCENE II.
FATIME, ISBÉ, CHOEURS, ET TROUPES DE GUERRIERS.

UN GUERRIER, a FATIME.

JEune beauté, cessez de vous plaindre,
Bannissez vos terreurs :
C'est vous qu'il faut craindre,
Regnez sur nos cœurs.

LE CHOEUR.

Jeune beauté, &c.

On danse.
LE GUERRIER.

Lorsque Venus vient embellir la terre,
C'est dans nos champs qu'elle établit sa cour.

Le terrible Dieu de la guerre,
Désarmé dans ses bras, sourit au tendre Amour.

Toujours la beauté dispose
Des invincibles guerriers,
Et le charmant Amour est sur un lit de rose,
A l'ombre des lauriers.

Lorsque Venus, &c.

LE CHOEUR.

Jeune Beauté, ceſſez de vous plaindre;
Baniſſez vos terreurs :
C'eſt vous qu'il faut craindre,
Regnez ſur nos cœurs.

On danſe.

UN AUTRE GUERRIER.

Si quelque Tiran vous oprime,
Il va tomber la victime
De l'Amour & de la valeur,
Il va tomber ſous le glaive vengeur.

LE PREMIER GUERRIER.

A votre préſence
Tout doit s'enflamer :
Pour votre défenſe,
Tout doit s'armer.

LE CHOEUR.

A votre préſence,
Tout doit s'enflamer :
Pour votre défenſe.
Tout doit s'armer.

Les Guerriers danſent & ſe retirent.

SCENE III.

FATIME, ISBÉ.

FATIME.

QU'ai-je vû ! Quels objets ont enchanté mes yeux !
Quoi, du séjour affreux d'une prison profonde,
On nous transporte dans les Cieux !

ISBE'.

C'est le brave Ramire, ou le Maître du monde,
Qui pour vous embellit ces lieux.

SCENE IV.

FATIME, ISBE':

CHOEUR & Troupe de Bohemiens, de Bohemiennes, de Devins & de Devineresses, qui entrent en dansant.

UN DEVIN.

Nous enchaînons le temps, le plaisir suit nos pas,
Nous portons dans les cœurs la flateuse espérance;
 Nous leur donnons la jouissance
 Des biens même qu'ils n'ont pas :

 Le présent fuit, il nous entraîne,
  Le passé n'est plus rien;
Charme de l'avenir, vous êtes le seul bien
 Qui reste à la foiblesse humaine.

On danse.

LE DEVIN.

L'Astre éclatant & doux de la fille de l'onde,
 Qui devance ou qui suit le jour,
 Pour vous recommençoit son tour :
Mars a voulu s'unir pour le bonheur du monde,
 A la Planette de l'Amour.

 Mais quand les faveurs célestes
Sur nos jours précieux alloient se rassembler,
 Des Dieux inhumains & funestes
 Se plaisent à les troubler.

Toute cette Troupe se retire en dansant.

SCENE V.

FATIME, ISBE'.

ISBE'.

POuvez-vous bien douter encore
Que ce Heros soit soumis à vos loix !
Ces jeux, ces danses & ces voix,
Tout vous a dit qu'il vous adore.

FATIME.

Ah, que Ramire est dangereux !
Et que sa Captive est à plaindre :
Je bravois le Heros , et je commence à craindre
L'Amant soumis & généreux.

ISBE'.

Le voici.

FATIME.

Sa présence augmente mes allarmes.

S C E N E   VI.

RAMIRE, FATIME, ISBE'.

R A M I R E.

M'Eſt-il permis de paroître à vos yeux ?
Et de rendre hommage à des charmes,
Plus puiſſans, plus victorieux,
Et plus reſpectés que nos armes ?

F A T I M E.

Le ſort & la valeur m'ont ſoumis à vos loix.
Mon ame eſt interdite,
Des maux, où par vos mains le ſort me précipite,
Et des prodiges que je vois.

R A M I R E.

Je ramene à vos pieds votre ſuite fidéle,
Vos Sujets empreſſez viennent vous obéir.
Que j'envierai leur ſort, en égalant leur zele !
Qu'ils ſont heureux de vous ſervir !

Une Troupe paroît au fond du Théatre, ſous la forme
des Graces, des Amours, des Plaiſirs, et des Jeux.

RAMIRE,

RAMIRE,

'A cette troupe.

Graces, Plaisirs, Amours, hatez-vous de paroître,
Brillez par ses appas.

S'adreſſant à FATIME.

Ce ſont là vos Sujets, vous devez les connoître ;
Ont-ils jamais quitté vos pas ?

SCENE DERNIERE.

CHOEUR ET TROUPE

DE LA SUITE DE FATIME,

Sous la forme des Graces, des Amours, et des Plaiſirs :
Et les Acteurs de la Scene précédente.

LES TROIS GRACES,

A FATIME.

LA Nature en vous formant,

Près de vous, nous fit naître ;

Loin de vos yeux nous ne pouvions paraître :

Nous vous ſervons fidélement ;

Mais le charmant Amour eſt notre premier maître.

On danſe.

UNE DES GRACES.

Eco, voix errante,
Legere habitante
De ce féjour,
Eco, fille de l'Amour,
Doux Roffignol, bois épais, onde pure,
Répétez avec moi ce que dit la nature:
Il faut aimer à fon tour.

On danfe.

LA MEME GRACE.

Vents furieux, triftes tempêtes,
Fuyez de nos climats:
Beaux jours, levez-vous fur nos têtes.
Fleurs, naiffez fur nos pas.

On danfe.

LA MEME.

Non, le plus grand empire
Ne peut remplir un cœur.
Charmant Vainqueur,
Dieu féducteur,
C'eft ton délire
Qui fait le bonheur.

On danfe.

UNE AUTRE GRACE.

Beauté fiere, objet charmant,
Pardonne, fais grace,
Pardonne à l'audace
Du plus tendre amant.

Toi feule es caufe
De ce qu'il ofe,
Toi feule alluma fes feux,
Quel crime eft plus pardonnable ?
C'eft celui de tes beaux yeux,
En les voyant, tout mortel eft coupable.

Beauté fiere, &c.

LE CHOEUR.

Beauté fiere, &c.

RAMIRE, A FATIME.

Le pardonnerés vous cet amour qui m'enchaîne ?
Nos criminels ayeux fe font toujours hais,
L'amour, dont mon cœur eft épris,
Eft cent fois plus fort que leur haine.

FATIME.

Ah ! N'eft-ce pas affés des maux que j'ai foufferts ?
Mes peuples font vaincus par votre effort fuprême ;
Faut-il encor triompher de moi-même,
Et me donner de nouveaux fers.

FATIME donne la main à RAMIRE;
Une nouvelle troupe des ſuivans de RAMIRE, vient ſe
joindre aux autres troupes.

On danſe.

DEUX SUIVANS DE RAMIRE,
Alternativement avec le Chœur.

Amour, Dieu charmant, ta puiſſance
A formé ce nouveau ſéjour,
Tout reſſent ici ta préſence,
Et le monde entier eſt ta cour.
Tes favoris
Les plus chéris,
Sont les enfans de la victoire :
C'eſt par tes feux
Qu'ils ſont heureux,
Tes biens ſont le prix de leur gloire.

On danſe.

RAMIRE,
Alternativement avec le Chœur.

Mars, Amour, ſont nos Dieux :
Nous les ſervons tous deux.

Accourez, après tant d'allarmes ,
Volez plaisirs , enfans des Cieux,
Au cri de Mars , au bruit des armes ;
Mêlez vos sons harmonieux
A tant d'exploits victorieux ,
Plaisirs , mesurez tous vos charmes.
  Mars , Amour , sont nos Dieux :
  Nous les servons tous deux.

On danse.

LE CHOEUR.

La gloire toujours nous appelle ,
Nous marchons sous ses étendars ,
Brûlant de l'ardeur la plus belle ,
  Pour elle ,
 Pour l'Amour & Mars.

LES DEUX SUIVANS.

Charmans plaisirs , nobles hazards ,
Partagez toujours notre zéle.

On danse.

RAMIRE, ET UN GUERRIER.

  A jamais sans partage
  Unissons nos }
  Unissez vos } *droits :*
  Que le même courage
 Triomphe sous les mêmes loix.

On danse.

RAMIRE.

Ces beaux nœuds,

Peuples heureux,

Mettront le comble à votre gloire,

Ces beaux nœuds

Peuples heureux,

Mettront le comble à tous vos vœux.

Le Dieu Mars

Dans les hazards,

Vous vit disputer la victoire,

Et l'Amour

En ce beau jour,

Voit vos cœurs unis à sa cour.

FIN.

www.ingramcontent.com/pod-product-compliance
Lightning Source LLC
LaVergne TN
LVHW051340200726
843510LV00002B/736